La liberté

lePetitPhilosophe.fr

Associez chaque citation à l'explication qui lui correspond.

Choisissez un sujet bac et construisez le plan de votre dissertation en y associant, si possible, certaines des citations et des explications reprises ci-dessus.

INTRODUCTION

La liberté est une notion ambigüe et complexe. Le langage usuel la définit comme **l'absence de contrainte, de soumission et de servitude**. Ainsi, un homme libre est un homme qui n'est pas asservi par une puissance étrangère, qu'elle soit individuelle ou étatique (liée à l'État). Par ailleurs, la liberté désigne également l'état de l'homme qui n'est ni prisonnier ni dépendant d'autrui.

Elle revêt **plusieurs formes** :

- la liberté naturelle autorise l'homme, en vertu du droit naturel, à utiliser toutes ses facultés ;
- la liberté civile désigne le pouvoir de faire ce que l'on veut dans le cadre du respect des lois ;
- la liberté politique permet de participer à la vie politique (adhésion à un parti, manifestation, élection, etc.) ;
- la liberté individuelle garantit les droits primordiaux de l'individu dans un cadre démocratique. Dans ce contexte, on parle de liberté d'expression, de pensée, d'association, etc.

En somme, la liberté réside dans la faculté d'atteindre les fins qu'on s'est choisies sans en être empêché.

Ces définitions de la liberté au sens quotidien du terme ne doivent cependant pas être confondues avec **le concept philosophique de liberté** qui s'identifie :

- soit au **pouvoir de la raison**, associé parfois à la morale ;
- soit au **pouvoir de la volonté** ou au libre arbitre.

Enfin, étant donné l'importance du rôle que joue la politique dans la garantie et la préservation de la liberté des hommes, certains philosophes ont tenté de définir l'institution politique la plus efficace en matière de liberté.

<u>Niveaux de lecture :</u>

*** : incontournable

** : à ne pas négliger

* : pour approfondir

APPROCHES DE LA NOTION

LIBERTÉ ET RAISON

La liberté comme évidence ***

Depuis le XVIIe siècle, la philosophie a tendance à définir le concept de liberté comme autonomie de la raison. Dans ce contexte, la liberté est liée à la raison.

René Descartes (1596-1650) présente la liberté comme **la capacité de l'être humain à mener des raisonnements**. Elle est donc une évidence et un fait puisque l'expérience de la liberté se réalise chaque fois que l'homme pense : le simple fait de pouvoir réfléchir et conduire notre esprit révèle notre liberté. Descartes en conclut l'immanence de la liberté en chaque homme. Autrement dit, la liberté est un principe interne qui se trouve chez tous les individus.

Il distingue cependant **plusieurs degrés de liberté** :

- le plus bas degré de liberté consiste à choisir librement, le bien comme le mal, le vrai comme le faux. C'est la **liberté négative ou liberté d'indifférence**. Ce type de liberté est néanmoins une force positive, car elle manifeste l'autonomie et le libre arbitre de la volonté humaine : l'homme a le pouvoir de se donner ses propres règles et de choisir entre plusieurs comportements. Il peut ainsi délibérément décider d'aller à l'encontre de sa raison et refuser d'assentir au vrai et au bien. Grâce à son libre arbitre, l'homme participe du divin puisque sa volonté est infinie. Cependant, la liberté d'indifférence peut résulter d'une incapacité à se déterminer par défaut de connaissance ;

- le plus haut degré de liberté consiste à adhérer à l'évidence des idées claires et distinctes (Dieu par exemple) : la véritable liberté est rationnelle, c'est-à-dire qu'elle est guidée par la raison, donc par la connaissance du vrai. C'est la **liberté positive ou liberté éclairée** (citation 1).

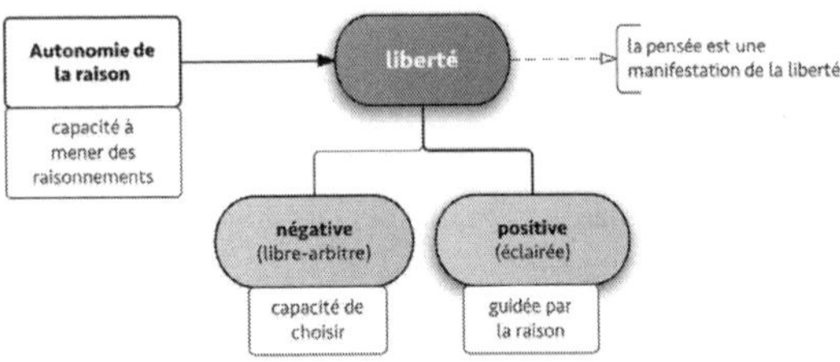

BON À SAVOIR :

L'**autonomie**, du grec *autos*, « lui-même », et *nomos*, « loi », désigne la capacité de l'homme à se donner ses propres lois, ses propres règles de conduite. L'**hétéronomie**, du grec *heteros*, « autre », et *nomos*, « loi », désigne au contraire l'état d'un homme qui se soumet à des règles extérieures, son incapacité à se régir d'après des lois qui lui sont propres.

La liberté liée à la connaissance **

On retrouve chez **Baruch Spinoza** (1632-1677) le même lien entre la liberté et la raison puisqu'il pense que l'autonomie est inséparable de la connaissance : **la liberté est la capacité à se déterminer grâce à la connaissance**.

Il considère que l'**hétéronomie** survient quand :

- l'individu s'oriente à partir de valeurs et de normes qui sont extérieures à sa raison (par exemple des dogmes politiques ou religieux) ;
- l'individu a une mauvaise compréhension de lui-même.

Spinoza en conclut :

- **la nécessité de la connaissance des lois de la nature**, qui constituent les conditions de l'action humaine. En effet, tout ce qui arrive découle de l'enchainement nécessaire de causes et d'effets (lois du déterminisme) qu'il faut connaitre pour comprendre le monde et la société, et agir en fonction ;
- **la nécessité de la connaissance des lois de la nature humaine**, qui constituent les sources des raisons de l'action. Il s'agit de parvenir à la connaissance rationnelle de soi dans le but de dissoudre les illusions, et ainsi se libérer et atteindre l'autonomie. Selon Spinoza, les hommes se croient libres, car ils ont conscience de leurs actions, mais il s'agit d'une illusion dans la mesure où ils ne connaissent pas les causes qui les poussent à agir <u>(citation 2)</u>. Dès lors, seule la connaissance de sa nature authentique peut permettre à l'homme de se réaliser librement en tant

qu'individu.

Par conséquent, il n'y a de liberté que dans l'intelligence et les connaissances qu'elle peut développer. Autrement dit, l'authentique liberté réside dans le pouvoir de la raison, et c'est par la connaissance vraie et rationnelle que l'homme peut l'atteindre.

LIBERTÉ ET MORALE

La liberté comme maitrise de la volonté ***

Le rôle joué par la raison en matière de liberté est encore essentiel chez les stoïciens, mais s'y ajoute une connotation éthique, morale.

BON À SAVOIR :

Le **stoïcisme** est un courant philosophique fondé par Zénon de Cition (vers 335-264 av. J.-C.) qui promeut la vie en accord avec la nature et la raison en vue d'atteindre la sagesse, et par là le bonheur envisagé comme ataraxie (absence de troubles).

Le stoïcien **Épictète** (50-130) explique qu'il est important de distinguer ce qui dépend de nous de ce qui ne dépend pas de nous :

- les pensées, les désirs ou encore les sentiments, en somme **les passions, dépendent de nous** : nous avons le pouvoir de les maitriser grâce à la raison, car elles

relèvent de notre volonté ;
* le corps, l'argent, la réputation ou encore les charges publiques ne dépendent pas de nous : **nous n'avons aucun pouvoir sur ce qui relève des évènements extérieurs**.

En effet, l'homme est en grande partie soumis à l'univers auquel il appartient et ne peut rien contre les évènements qui s'y produisent. Il dispose néanmoins d'un pouvoir fondamental : accepter que les choses soient telles qu'elles sont, autrement dit se rendre indifférent à ce qui ne dépend pas de lui.

Si le philosophe grec recommande cette adhésion au monde tel qu'il est, c'est parce qu'il le conçoit comme un ensemble ordonné par une certaine logique : tout ce qui est advient selon une raison générale. La liberté ne peut donc pas consister à aller contre la logique du monde : elle est au contraire définie comme la conscience absolue de participer à l'ordre des choses.

Dans ce cadre, il s'agit pour l'homme d'adapter ses passions à la logique du monde grâce au contrôle de sa volonté par le pouvoir de la raison. Ainsi, **la liberté consiste à s'accorder à l'ordre du monde par la maitrise de soi** (citation 3). Par conséquent, le stoïcisme affirme que l'homme ne peut être autonome que s'il se résigne au destin.

En somme, la liberté est conçue comme un état idéal de l'être humain qui a atteint la sérénité et le bonheur grâce à :

* l'assentiment au destin ;
* la maitrise de ses passions via sa raison.

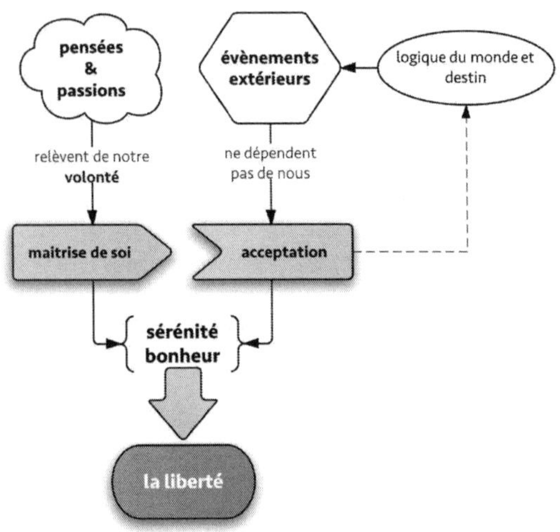

La liberté comme exigence morale ***

Emmanuel Kant (1724-1804) pense que la **liberté ne peut exister que dans l'action morale. Et celle-ci se joue dans la raison**.

Pour le comprendre, il faut commencer par distinguer la loi morale de la loi causale :

- la loi morale exige une formulation rationnelle pour être suivie et dépend de la liberté de chacun ;
- la loi causale naturelle, ou loi de la nature, ne doit pas être formulée pour pouvoir être respectée et n'implique

aucun choix : si une pierre tombe, ce n'est pas parce qu'elle a décidé d'obéir à la loi de la gravitation, elle est naturellement soumise à cette loi.

Ainsi, l'homme est libre de faire le bien, tandis que la nature répond à un déterminisme.

Pour formuler rationnellement la loi morale, il faut conclure à la nécessité qu'elle soit valable pour tous. Par conséquent, **la loi morale doit être universelle, rationnelle et néces-saire**. Dès lors, elle est vide de tout contenu particulier, autrement dit il s'agit d'une loi formelle, appelée « **impératif catégorique** ». Dans la *Critique de la raison pure* (1781-1787), Kant formule le premier impératif catégorique comme suit : « Agis de telle sorte que la maxime de ta volonté puisse toujours valoir en même temps comme principe d'une légis-lation universelle. » Cela signifie que les principes subjectifs de notre volonté ne sont bons moralement que s'ils sont valables pour tous les hommes.

L'homme moral doit alors régler sa conduite pour la rendre conforme à l'impératif catégorique. Ainsi, **la soumission consentie de la volonté à la raison qui produit l'impératif catégorique débouche sur une volonté véritablement libre**. Cette volonté est véritablement libre dans la mesure où, soumise à la raison, elle devient rationnelle. Dit encore autrement, une volonté libre est une volonté qui obéit aux lois morales proposées par la raison.

Dans ce cadre, **être libre signifie être autonome, c'est-à-dire produire soi-même, librement et consciemment, les règles à observer grâce à la raison** (citation 4). Au contraire, l'hétéronomie se définit par l'alignement de sa conduite sur des règles imposées par l'extérieur, par ce qui est étranger à sa propre raison et à sa volonté. Ainsi, sont hétéronomes :

- ceux qui suivent des principes moraux non conformes à l'impératif catégorique (des principes non conformes à la nature de la raison et à ses exigences) ;
- ceux qui suivent les règles morales imposées par des pouvoirs politiques ou religieux ;
- ceux qui suivent les inclinations sensibles comme les désirs et les pulsions venus d'ailleurs que de leur être rationnel et libre.

L'autonomie de la volonté provient de ce qu'elle s'impose des lois formelles qui sont l'expression même de la raison alors que la volonté hétéronome obéit à des fins étrangères à la raison, s'aliène et se détruit. Par conséquent, c'est dans l'autonomie de la volonté que réside la dignité de la personne humaine selon Kant.

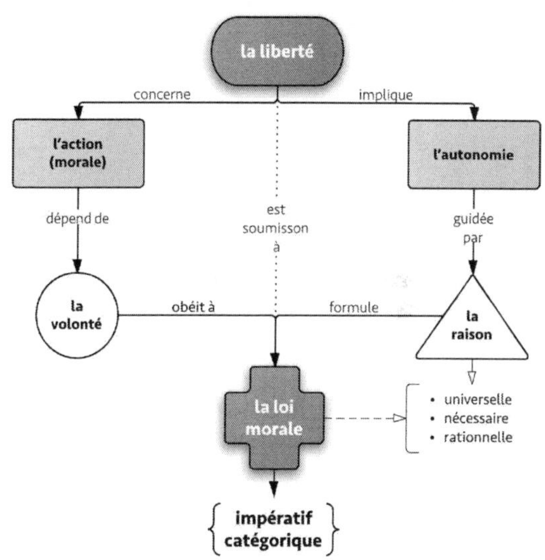

LIBERTÉ ET EXISTENTIALISME ***

Au début des années 1900, la philosophie a élargi la notion de liberté afin qu'elle ne soit plus limitée au pouvoir de la raison. Dès lors, **la liberté s'identifie au libre arbitre**, à savoir à la faculté de la volonté de faire ses propres choix. On parle alors du pouvoir de dépassement de l'homme ou de sa négativité : l'individu est capable de récuser les évidences et les données immédiates si bon lui semble.

Jean-Paul Sartre (1905-1980), philosophe existentialiste, soutient que **la liberté de l'homme est une condamnation**. Pour comprendre cette affirmation, il s'agit d'expliquer deux principes fondamentaux sartriens :

- **l'existence précède l'essence**. Selon Sartre, l'homme nait d'abord et se détermine ensuite : il se construit lui-même en faisant des choix et en posant des actes en toute liberté. Autrement dit, il n'existe pas de nature humaine qui le définisse préalablement ;
- le philosophe distingue **l'être-en-soi et l'être-pour-soi**. L'être-en-soi correspond aux objets non conscients (les minéraux, les végétaux, les choses, etc.) dont l'essence, la nature, est déterminée une fois pour toutes : ces objets ne sont donc ni libres ni responsables. L'être-pour-soi désigne les sujets conscients (donc les hommes), libres et responsables dont l'essence est par conséquent indéterminée.

Ainsi, non seulement l'homme est libre à chaque instant de choisir et d'agir, mais il est également condamné à cette liberté puisqu'il lui est impossible de faire autrement : **c'est la nature de l'homme que de déterminer par lui-même ce qu'il souhaite être**.

Selon Sartre, cette liberté d'autodétermination implique une responsabilité. Étant libre, **l'homme est totalement responsable de ses actes, ce qui peut provoquer l'angoisse**. En effet, l'homme prend conscience que ses choix ne sont pas seulement individuels, mais qu'ils valent également pour tous les hommes : mon choix d'individu en tant qu'être humain contribue à définir la nature humaine. C'est pourquoi nombre de personnes cherchent à projeter la responsabilité de ce qu'ils sont et de ce qu'ils font sur d'autres instances.

Le philosophe récuse tout prétexte pour ne pas assumer son infinie liberté : refuser sa liberté, c'est faire preuve de mauvaise foi, à savoir se comporter comme un objet en cherchant à se doter d'une essence. Assumer sa liberté revient au contraire à être authentique et sans excuses. Ainsi, **c'est le poids terrible de la liberté qui confère à l'homme sa dignité et son humanité**.

> ### BON À SAVOIR :
>
> L'**existentialisme** est un courant philosophique et littéraire qui pose l'être humain comme l'artisan de son essence par ses actions et l'existence qu'il mène. L'existentialisme s'oppose ainsi aux thèses théologiques, philosophiques ou morales envisageant l'essence de l'homme comme prédéterminée.

LIBERTÉ ET POLITIQUE

La liberté dans le contrat social *

La liberté ne peut être uniquement conçue comme pouvoir d'autodétermination de la volonté du sujet, ou elle serait incompatible avec la vie en société. En effet, tous les hommes ne désirent pas les mêmes choses et leurs désirs vont forcément à l'encontre les uns des autres. Dès lors, si l'autonomie de la raison et de la volonté garantit la liberté, à l'origine, celle-ci est civile et politique : **il n'y a pas de liberté possible sans lois qui protègent la liberté de chacun**. Ainsi, plusieurs philosophes ont tenté de définir une politique favorable à la liberté qui règle les modalités de vie en commun.

Jean-Jacques Rousseau (1712-1778) pense que l'État doit être gouverné par la volonté générale, conçue comme la somme des volontés de tous les individus d'une nation ramenées à un intérêt commun. **Chaque homme abandonne sa volonté particulière au profit de la volonté générale pour garantir les droits fondamentaux de tous**. C'est ce que Rousseau nomme le « contrat social », seule base légitime pour instituer la société.

Dans ce cadre, toutes les lois émanent de la volonté générale. L'homme est donc à la fois :

- sujet des lois, puisqu'elles le concernent et qu'il doit s'y soumettre ;
- auteur des lois, puisqu'il a décidé librement et volontairement la mise en application politique du contrat social : c'est donc l'individu lui-même qui est à l'origine de toutes lois.

Par conséquent, le contrat social garantit la liberté de tous les hommes dans le sens où ceux-ci ne sont soumis qu'à des lois qu'ils ont eux-mêmes désirées : ils n'en sont pas esclaves (citation 6). Dans ce cas, selon Rousseau, la pire des lois vaut mieux que le meilleur des maitres. **Le peuple est libre lorsque celui qui le gouverne est un représentant de la loi qui a été édictée de manière consensuelle**, et non pas un individu qui imposerait sa propre volonté. Le gouvernant n'exerce pas un pouvoir arbitraire, mais veille à faire appliquer les lois émanant de la volonté générale.

La liberté dans la loi *

Montesquieu (1689-1755) estime pour sa part que **la liberté ne consiste pas à faire ce que l'on veut, mais à pouvoir faire ce que les lois permettent** (citation 7). Ainsi, la liberté réside dans l'obéissance aux lois de l'État. Selon le philosophe, celles-ci sont ancrées dans la raison humaine : les lois sont universelles au même titre que la raison.

Dans *De l'esprit des lois* (1748), Montesquieu remarque que les lois civiles, bien qu'elles varient en fonction des nations, reposent sur un fondement unique : l'étude des lois de la nature (climat, géographie, ressources naturelles, etc.) d'un État permet de comprendre les circonstances qui ont mené à l'établissement de ses lois civiles particulières. Il s'agit par exemple d'analyser comment tel relief a mené à telle loi civile. En somme, selon Montesquieu, les lois découlent de la nature des choses : la raison humaine établit donc les lois en fonction de la nature. Ainsi, les lois politiques sont des cas particuliers d'une loi universelle.

Néanmoins, celles-ci doivent être justes. C'est pourquoi un gouvernement idéal doit être trouvé. Montesquieu se positionne en faveur de **la séparation des trois pouvoirs** :

* législatif, qui concerne la rédaction des lois ;
* exécutif, qui a en charge la gestion de la politique de l'État et la mise en œuvre des lois ;

- judiciaire, qui sanctionne la transgression des lois.

Chaque pouvoir doit être exercé par des groupes ou des individus différents. En effet, la liberté ne peut être préservée que si le pouvoir arrête le pouvoir. C'est le cas dans les régimes démocratiques et républicains.

La liberté dans l'agir politique *

Hannah Arendt (1906-1975) envisage de même la liberté comme essentiellement politique.

Selon elle, la liberté ne relève pas en premier lieu de la volonté intérieure, c'est-à-dire du libre arbitre. Elle est au contraire une propriété de l'action extérieure : **la liberté est identifiée à l'action**. C'est en agissant que l'homme se révèle libre. Cependant, l'homme véritablement libre n'est pas celui qui met en place n'importe quelle action, mais bien celui qui parvient à changer le monde en y intervenant même dans des contextes improbables et difficiles. C'est pourquoi Hannah Arendt pense que l'homme libre est un « faiseur de miracles ». Il est celui qui, par l'expression de sa singularité, fait advenir ce qui sans lui aurait eu très peu de chance d'arriver. On peut en conclure que la vraie liberté est celle qui étonne et qui innove. Elle est donc également fragile puisque l'homme ne peut prédire la réussite ou l'échec de ses actes.

L'agir politique nécessite un espace public où les individus peuvent entrer en relation entre eux. Cela met non seulement en évidence l'unicité de chacun, mais également la communauté qui lie les hommes :

- ils sont singuliers et différents les uns des autres en tant que détenteurs d'une perspective propre sur le monde ;
- ils sont égaux entre eux dans le sens où ils appartiennent tous à l'humanité.

Dès lors, **l'espace public, en tant que condition essentielle de l'agir politique, permet de vivre en être distinct et unique parmi des égaux**, ce qui correspond à la définition de la liberté selon Hannah Arendt.

Par conséquent, si l'agir politique fonde la liberté, c'est parce qu'il permet à l'homme de divulguer son identité aux autres. Or ce n'est pas le cas dans d'autres types d'actions comme la création artistique ou le travail ouvrier, qui ne permettent eux que de manifester ce que nous sommes (un artiste avec tel talent ou un ouvrier qui remplit telle fonction). Il n'y a pas là de possibilité d'exprimer et de partager qui on est, c'est-à-dire la singularité de son identité.

EN RÉSUMÉ

Depuis le XVIIe siècle, la liberté est définie comme l'autonomie de la raison. Ainsi, **Descartes** estime que l'expérience de la liberté a lieu à chaque fois que l'homme raisonne. De même, selon **Spinoza**, l'authentique liberté réside dans l'intelligence et les connaissances qu'elle engendre : seul l'homme raisonnable et savant est véritablement libre.

Chez certains philosophes, comme **Épictète**, la liberté est non seulement liée à la raison, mais elle a en outre une connotation morale. Elle consiste à maitriser sa volonté en vue de l'accorder à l'ordre du monde, au destin.

Pour **Kant**, une volonté libre est une volonté qui se soumet volontairement aux lois morales proposées par la raison.

Dans la philosophie moderne, la liberté s'émancipe du pouvoir de la raison. **Sartre** définit la liberté comme la nature de l'homme à déterminer par lui-même ce qu'il souhaite être.

Enfin, certains philosophes ont fait remarquer qu'il n'y avait pas de liberté possible sans lois qui protègent la liberté de chacun. Alors que **Rousseau** pense que l'authentique liberté n'existe que via le contrat social qui rend l'individu à la fois sujet et auteur des lois, **Montesquieu** préconise la séparation des trois pouvoirs afin d'éviter les despotismes destructeurs de liberté. Quant à **Hannah Arendt**, elle identifie la liberté véritable à l'action politique, qui seule permet l'expression individuelle de sa singularité et de son identité.

Votre avis nous intéresse !
Laissez un commentaire sur le site de votre librairie en ligne
et partagez vos coups de cœur sur les réseaux sociaux !

POUR ALLER PLUS LOIN

- ARENDT (Hannah), *La Crise de la culture*, Paris, Gallimard, 1989.
- ARON (Raymond), *Essai sur les libertés*, Paris, Hachette, 2005.
- CLÉMENT (Élisabeth) *et alii*, *La Philosophie de A à Z*, Paris, Hatier, 2000.
- DESCARTES (René), *Discours de la méthode*, Paris, Agora, 1990.
- DESCARTES (René), *Les Méditations métaphysiques*, Paris, Flammarion, 2009.
- ÉPICTÈTE, *Manuel d'Épictète*, traduction d'Emmanuel Cattin, Paris, GF-Flammarion, 1997.
- KANT (Emmanuel), *Critique de la raison pratique*, traduction de Luc Ferry et de Heinz Wismann, Paris, Gallimard, 1788.
- KANT (Emmanuel), *Critique de la raison pure*, traduction d'Alain Renaut, Paris, Flammarion, 2006.
- KANT (Emmanuel), *Fondements de la métaphysique des mœurs*, traduction de Victor Delbos, Paris, Librairie générale française, 2010.
- MONTESQUIEU, *De l'esprit des lois*, Paris, GF-Flammarion, 1979.
- ROUSSEAU (Jean-Jacques), *Du contrat social*, Paris, GF-Flammarion, 1979.
- SARTRE (Jean-Paul), *L'Être et Le Néant*, Paris, Gallimard, 1982.
- SARTRE (Jean-Paul), *L'existentialisme est un humanisme*, Paris, Gallimard, 1996.

- SPINOZA (Baruch), *Éthique*, traduction de Roland Caillois, Paris, Gallimard, 1993.

TESTEZ VOS CONNAISSANCES !

ASSOCIEZ CHAQUE CITATION À L'EXPLICATION QUI LUI CORRESPOND.

Citation 1 : « [...] afin que je sois libre, il n'est pas nécessaire que je sois indifférent à choisir l'un ou l'autre des deux contraires ; mais plutôt, d'autant que je penche vers l'un, soit que je connaisse évidemment que le bien et le vrai s'y rencontrent, soit que Dieu dispose ainsi l'intérieur de ma pensée, d'autant plus librement j'en fais choix et je l'embrasse. » (DESCARTES [René], *Les Méditations métaphysiques*, Paris, Flammarion, 2009)

Citation 2 : « [...] les hommes se croient libres pour la seule cause qu'ils sont conscients de leurs actions et ignorants des causes par où ils sont déterminés. » (SPINOZA [Baruch], *Éthique*, Paris, Gallimard, 1993, partie 3)

Citation 3 : « Ne demande point que les choses arrivent comme tu les désires, mais désire qu'elles arrivent comme elles arrivent [...]. » (ÉPICTÈTE, *Manuel d'Épictète*, Paris, GF-Flammarion, 1997)

Citation 4 : « La liberté consiste alors dans le pouvoir d'agir selon une loi que le sujet se donne lui-même. Elle est synonyme d'autonomie, et coïncide donc avec une liberté soumise à la loi morale. [...] une volonté libre et une volonté soumise à des lois morales sont par conséquent une seule et même chose. » (KANT [Emmanuel], *Fondements de la métaphysique des mœurs*, Paris, Librairie générale française, 2010)

Citation 5 : « [...] l'homme est condamné à être libre. Condamné parce qu'il ne s'est pas créé lui-même, et par ailleurs cependant libre, parce qu'une fois jeté dans le monde, il est responsable de tout ce qu'il fait. » (SARTRE [Jean-Paul], *L'existentialisme est un humanisme*, Paris, Gallimard, 1996)

Citation 6 : « [Il faut] trouver une forme d'association qui défende et protège de toute la force commune la personne et les biens de chaque associé, et par laquelle chacun s'unissant à tous n'obéisse pourtant qu'à lui-même et reste aussi libre qu'auparavant. » (ROUSSEAU [Jean-Jacques], *Du contrat social*, Paris, GF-Flammarion, 1979)

Citation 7 : « La liberté ne peut consister qu'à pouvoir faire ce que l'on doit vouloir et à n'être point contraint à faire ce que l'on ne doit pas vouloir. » (MONTESQUIEU, *De l'esprit des lois*, Paris, GF-Flammarion, 1979)

Explication a : cultiver sa raison permet d'accéder à la liberté morale et à l'autonomie, car la raison permet à l'homme de résister aux passions et aux inclinations sensibles.

Explication b : le contrat social garantit la liberté de tous les hommes : ceux-ci ne sont soumis qu'à des lois émanant de la volonté générale, c'est-à-dire qu'ils ont eux-mêmes édictées.

Explication c : la liberté réside dans l'action : c'est en agissant, plus précisément en changeant le monde, que l'homme se révèle libre.

Explication d : les hommes se pensent libres, car ils

ont conscience de leurs actions ; or il n'en est rien, car ils ignorent ce qui les pousse à agir. Pour être libre, il leur faut connaitre leur nature authentique.

Explication e : l'hétéronomie survient lorsque l'homme se soumet aux dogmes religieux ou politiques, à savoir à des instances extérieures à sa raison.

Explication f : il existe plusieurs degrés de liberté : le plus bas consiste à choisir librement le bien comme le mal, tandis que le plus haut consiste à se laisser guider par l'évidence de la raison, donc par la connaissance du vrai.

Explication g : la liberté consiste à adapter ses désirs à l'ordre du monde et à se rendre indifférent à ce qui ne dépend pas de nous grâce au pouvoir de la raison.

Explication h : l'autonomie de la volonté ou liberté est possible lorsque la volonté se soumet à la loi morale conforme à la nature de la raison.

Explication i : la liberté consiste à obéir aux lois civiles, car ce sont elles qui garantissent à l'individu son autonomie.

Explication j : la liberté est un fardeau, car l'homme, totalement libre, est entièrement responsable de ses choix et de ses actes.

CHOISISSEZ UN SUJET BAC ET CONSTRUISEZ

LE PLAN DE VOTRE DISSERTATION EN Y ASSOCIANT, SI POSSIBLE, CERTAINES DES CITATIONS ET DES EXPLICATIONS REPRISES CI-DESSUS.

- Dépend-il de nous d'être heureux ? (bac S 2010)
- Être libre, est-ce ne rencontrer aucun obstacle ? (bac S 2005)
- Pourquoi voulons-nous être libres ? (bac T 2005)
- L'idée de liberté totale a-t-elle un sens ? (bac L 2003)
- Notre liberté de pensée a-t-elle des limites ? (bac T 2002)
- La liberté se définit-elle comme un pouvoir de refuser ? (bac S 2001)
- L'exigence de justice et l'exigence de liberté sont-elles séparables ? (bac L 2000)
- La liberté humaine est-elle limitée par la nécessité de travailler ? (bac S 1999)
- Le devoir est-il incompatible avec la liberté ?
- Quels liens la liberté entretient-elle avec la connaissance ?

Rendez-vous sur
lepetitphilosophe.fr
et découvrez :

Plus de 1200 analyses
Claires et synthétiques
Téléchargeables en 30 secondes
À imprimer chez soi

www.lepetitphilosophe.fr

ISBN version numérique : 978-2-8062-4462-8
ISBN version papier : 978-2-8062-4440-6
Dépôt légal : D/2017/12603/589

Schémas réalisés par Alberto Molina Pérez,
doctorant en philosophie des sciences
(Université Paris I-Panthéon-Sorbonne)

Conception numérique : Primento,
le partenaire numérique des éditeurs.

Made in the USA
Monee, IL
07 July 2026